DU PRINCIPE
DE L'AUTORITÉ

EN FRANCE

ET DE

LA LIMITE DES POUVOIRS.

La Nation règne et le Roi gouverne.

Conciliation des Partis.

PRIX : 75 CENTIMES.

PARIS.

PAGNERRE, ÉDITEUR,

RUE DE SEINE, 14.

1839.

DU PRINCIPE

DE

L'AUTORITÉ EN FRANCE

et de

LA LIMITE DES POUVOIRS.

DU PRINCIPE

DE

L'AUTORITÉ EN FRANCE

et de

LA LIMITE DES POUVOIRS.

I

Absence d'un principe unitaire dans la Charte.

La Nation règne et le Roi gouverne.

De part et d'autre, on fait fausse route ; notre politique est menée à contre-sens. — Le pouvoir législatif et le pouvoir exécutif anticipent sur leurs prérogatives réciproques et se précipitent dans la confusion. — Pour la liberté et pour le gouvernement, il y a un égal péril aujourd'hui.

On en convient en général ; mais les partis s'accusent mutuellement d'être la cause du désordre ; ils se reprochent leurs passions personnelles, leur ambition.

Des reproches posés si bas ne sont-ils pas un signe d'impuissance? Accuser la nature humaine dans ce qui fait son élévation comme son abaissement, sa gloire aussi bien que sa honte, ce n'est pas s'élever à la cause fondamentale, à la véritable question.

L'origine du mal consiste dans l'insuffisance de définitions premières; dans la négation des principes, ces lois morales qui dominent toutes les autres et élèvent au-dessus des mobiles naturels de l'homme, une autorité devant laquelle les pouvoirs eux-mêmes s'inclinent sans perdre de leur dignité.

Ce n'est point la religion que je veux dire, quoique je ne comprenne guère les institutions des peuples en dehors du principe suprême d'où la justice émane; je veux seulement dire, d'un point de vue tout intellectuel et humain, qu'il nous manque une idée; une idée matricule et indélébile, une formule acceptée comme base de la logique politique et propre à remplir ce vide qui bruit sur nos têtes, et que j'appellerai l'*imprévu*.

Qu'est-ce qu'une idée? me dit-on. En vérité c'est peu de chose: une étoile au ciel, une boussole à bord du navire. Mais sans ce peu de chose là, pilotes en mer et hommes d'état ne vont pas loin sans s'égarer.....

Après les journées de juillet, sur le foyer brûlant encore du volcan qui avait renversé un trône, le pacte fondamental, il faut en convenir, fut signé fort à la hâte. Les dangers que pouvait semer autour d'elle une révolution violente, les craintes que laissait subsister un triomphe trop prompt et trop inoui pour être assuré, une infinité de raisons secondaires encore ; firent que les dogmes de la constitution, ceux mêmes qui sont écrits dans la Charte, ne furent point définis. On rétablit avec empressement l'ordre matériel ; on mit hors de la loi la manifestation qui avait surgi en dehors du Parlement, et fait entre la couronne et le peuple l'objet d'une sanglante bataille. Mais la lutte moins ostensible des opinions préexistantes à la Chambre restait la même ; elle survivait à la Restauration, comme elle avait survécu à l'Empire ; elle dominait l'avenir comme l'âme domine le corps, comme l'esprit des institutions domine les formes éphémères que nous leur donnons. — Au fond de sa pensée, chacun des pouvoirs interpréta, ou se réserva d'interpréter plus tard la lettre constitutive, selon ses vœux et son point de vue, selon sa condition particulière.

Il eût fallu approfondir la chose, reconnaître la cause de cet antagonisme ardent ; dompter son caractère par la puissance d'un principe unitaire aussi haut placé que puisse l'être l'autorité humaine ; en un mot, vider la querelle sur le terrein déjà foulé. La constituante de 1830, n'eut point assez de prévoyance ; elle n'eut complètement ni le courage, ni le génie de sa haute mission. Chose, sans exemple, dans les annales, elle laissa dans le vague, et comme une pomme de discorde vers laquelle les divers pouvoirs devaient incessamment tendre la main, la question fondamentale de l'autorité morale ou du règne. La législature et le pouvoir exécutif sortirent de son sein, sous la foi de leurs intentions réciproques, sans limites dans leurs attributs, sans responsabilité définie. On parla un peu d'un *gouvernement représentatif,* de la *jalousie* des prérogatives, de la *nécessité* d'un mutuel appui. Ce n'était pas là tout-à-fait une constitution.

A peine les formes furent-elles debout, que faute d'être animées par le principe qui s'était offert à les régir, elles se virent pénétrées par l'ancien esprit de parti. Ainsi, l'esprit royaliste s'emparant de la nouvelle dynastie, se proposa bientôt de réparer ses désastres et d'accomplir avec ce levier, ce qu'il n'avait pu réaliser avec l'autre, une *conservation* exagérée. Prompt à profiter des lacunes de la constitution et à convoiter la souveraineté, il leva une bannière sur laquelle il écrivit cette maxime : *le roi règne et gouverne,* maxime des monarchies absolues.

Par une singularité qu'explique une tardive préoccupation de l'indépendance nationale, l'opposition dynastique se mit à dire de son côté : tout est en nous et par nous, car la Chambre législative est la seule représentation de la France.

D'une main nous écrirons la loi, et de l'autre nous ferons, dans le pouvoir exécutif même, peser impérieusement la balance de notre majorité : *le roi règne, mais il ne gouverne pas !* Autre erreur plus pardonnable, mais qui n'est pas moins attentatoire à l'indépendance relative du pouvoir exécutif, que la doctrine de l'absolutisme ne l'est à l'autorité de la nation.

Les deux partis dominants en étaient à ces termes, lorsque le fait d'une coalition est venu renforcer celui de l'opposition. Deux drapeaux se sont trouvés en présence, celui du ministère avec 221 royalistes et celui de l'indépendance avec 213 nationaux. Ces deux opinions vont reparaître plus ardentes que jamais sur les bancs de la législature, et elles ne se céderont rien, n'ayant pas dans la Charte un principe commun, dans lequel leur fusion puisse librement et logiquement s'opérer. Elles ne se céderont rien, quoiqu'elles puissent être amenées à une conciliation passagère, par un changement de ministère ; car les hommes ne remplacent pas les lois, ni les systèmes les principes.

II

Situation critique de la royauté.—Insuffisance du matérialisme politique.

J'ai dit qu'il manquait à notre politique une idée fondamentale et indélébile, un principe tout puissant, non pas en force, mais en autorité, pour régir l'esprit des partis et concilier sans violence les maximes imparfaites qu'ils ont adoptées. Cette idée et ce principe, je veux les définir et les proposer ; je veux indiquer les moyens de relever de leur dégradation les trois pouvoirs ; de diviser entre eux et dans des proportions harmoniques, le travail et la dignité ; je veux les faire vivre l'un à côté de l'autre, dans des sphères distinctes, sans s'inspirer ni défiance, ni envie, sans qu'ils puissent manquer un instant à leur mutuel soutien.

Mais, auparavant, il faut que je fasse la critique de chacun des trois pouvoirs, de leurs facultés respectives et de leurs misères. Il faut que j'arrache à l'un les attributs qui appartiennent à l'autre et que je les purifie également des éléments hétérogènes à la nature de leurs fonctions.

Je trouve sur mon passage des personnes et jusqu'à des hommes d'état qui, dédaignant les arguments de l'ordre moral, se font gloire de mépriser les *abstractions*; de ne pas se laisser *enlacer par des formules*, et de ne prendre aucune part aux *maximes qui divisent les dialecticiens politiques*. Ils croient avoir tout défini, lorsqu'ils ont dit qu'il faut une *royauté forte*, des *Chambres fidèles et jalouses de leurs prérogatives*. C'est dans l'*usage* et la *pratique* qu'ils placent le *jeu de tous les pouvoirs*.....

De telles paroles sont vagues et incohérentes. Répétées cent fois depuis 1830, chaque événement de quelque importance est venu démontrer qu'elles étaient dépourvues de la vie première qui produit et constitue; du principe qui, par lui-même, fonde les empires et les régit. Faire consister toute la sagesse dans l'arrangement symétrique des faits, dans une pondération, même judicieuse, des facultés des pouvoirs; ne voir, en un mot, que le matériel des choses, n'est-ce pas en nier une part immense; n'est-ce pas abjurer, en soi d'abord et ensuite dans ses œuvres, le génie inspiré de la création?

Dans l'état de crise où se trouve en ce moment le pouvoir exécutif, l'insuffisance du matérialisme politique se manifeste d'elle-même. Regardez d'un œil impartial les actes proprement dits et officiels du gouvernement ; voyez l'attitude ferme et heureuse que la royauté a déployée au timon du char depuis qu'il est dans la carrière ! Au milieu des orages de la guerre civile ; sous la commotion électrique de l'arme des traîtres, elle a marché avec régularité. Quel autre gouvernement fit autant en quelques années pour le bien-être matériel de la France ? Quel autre aborda les affaires avec un réseau d'administrateurs aussi laborieux, aussi ardemment occupés des intérêts généraux ? Jamais tant d'améliorations provoquées et suivies sur le sol de la Patrie, jamais une intention plus authentique de mériter par l'extension des avantages publics, l'approbation du pays.

Et, cependant, semblable au premier homme, après qu'il eut touché au fruit de l'Eden, la royauté s'émeut devant une protestation de la Chambre ; la voilà qui chancelle, comme l'aigle atteint dans son vol, sous les insinuations qui lui sont jetées ! Que manque-t-il donc à la royauté, quand elle est si faible ? Il ne manque pas un clou à son trône, pas une frange à son manteau, pas un diamant à sa couronne. Elle a de l'or à pleines mains ; elle dispose de trois cent mille emplois ; elle a quatre cent mille soldats à ses ordres, et un million de bayonnettes civiques se lèveraient pour la rassurer. La royauté a plus encore; elle influe puissamment au sein de la Chambre élective; elle compose à son choix le troisième des pouvoirs; enfin elle est inviolable. Et cependant, je le répète, elle chancelle et semble se mourir, sans qu'il lui soit possible de mieux faire; car du point de vue général, elle n'a pas mal gouverné; elle n'a pas mal manié la *pratique* et les *faits*.

III.

Esprit de la France et de la coalition. — Tendance des Ministres et de la Cour.

—◦—

La Couronne n'a pas mal gouverné et, cependant, la majorité de la France vient de protester contre ses ministres, avec la coalition. La France a-t-elle sanctionné une ingratitude, une injustice? La France a-t-elle tort?.... La France n'a nullement tort, je vais m'expliquer.

Tout le monde n'a pas compris le véritable sens de la coalition. Nous avons vu des écrivains consciencieux, s'étonner d'une si unanime résistance, dans des hommes qui déclaraient mettre en réserve chacun le fond de leurs opinions. Ils n'ont pas hésité à dire qu'il ne s'agissait, dans cette grave circonstance, que d'emporter d'assaut et de se disputer les portefeuilles de ministres.

Cette allégation, je l'ai déjà dit, n'a pas une portée raisonnable. Le point de jonction entre les fractions coalisées de la Chambre, était autre chose que les griefs matériels inscrits dans l'Adresse. Il y avait dans la pensée de cette coalition, plus que les questions d'Espagne, d'Ancône, etc. ; il y avait un vif sentiment de répulsion contre l'esprit, plutôt que contre les faits ; il y avait une commune alarme à l'endroit des libertés et de la dignité, et cette alarme, le pays la partageait.

Mais, dira-t-on, le pays n'a-t-il pas assez de libertés : la France en eut-elle jamais davantage, même autant ?.... A la bonne heure ; les faits matériels et prochains, nous le répétons, sont satisfaisans. Mais pour les esprits éclairés et le bon sens de la nation, la liberté de la veille n'est pas celle du lendemain. Ils n'ont pas oublié avec quelle tendre quiétude on les rassurait, sous la Restauration, aux jours mêmes où l'on proposait le droit d'aînesse, les majorats de la Chambre héréditaire, et où l'on préparait les ordonnances, de juillet. Sans doute, nous sommes encore loin de dangers semblables ; mais l'opinion plus exercée entrevoit aussi de plus loin.

La cause réelle du désaccord qui a éclaté tout-à-coup, entre la couronne et le pays, représenté dans la circonstance par la coalition, n'est pas, il faut le reconnaître, une affaire de *gouvernement* proprement dit. Une sourde et active préoccupation de la royauté, pour la partie de sa

maxime qui touche au *règne*, soit à la souveraineté, voilà le fond de la question, qui enveloppe
de son obscurité, le nuage qui s'est levé a l'ho-
rizon.

Aux matérialistes, un tel sujet peut paraître
peu d'importance. Il ne s'agit, en effet, que d'une
abstraction, d'une idée, comme nous l'avons dit
en commençant. Mais il est des abstractions et
des idées qui, mises dans la balance avec les
nations, les trônes, le monde entier, les entraî-
nent et les dominent. Et quand un peuple a
secoué l'ignorance, cette tache originelle, source
de son abaissement et de ses infortunes, il com-
prend sans peine, que ses droits moraux sont
les garants de ses droits effectifs. Les pensées,
chez lui, précèdent les faits, et, si son cœur
n'est content, si son front n'est pur des souillu-
res d'un privilége quelconque, alors les biens
physiques lui laissent à craindre qu'ils ne soient
taris un jour, à la source qui les répand.

Le *règne*, voilà ce qui met la nation et la
royauté en présence, et fait que celle-ci fléchit
sous une puissance morale supérieure. La cons-
titnante de 1830 n'ayant point élaboré cette question
fondamentale, et ayant relevé les formes sans leur
adapter les modifications dictées par l'esprit de la
révolution, a laissé à la couronne la périlleuse
tâche de chercher au milieu des éléments, non
encore éprouvés d'une ère nouvelle, les conditions
de son existence. Elle l'a laissée en position de se

perdre par une gravitation naturelle vers la monarchie ancienne. Dans cette situation isolée, pour, ainsi dire, et de responsabilité propre, n'ayant sous les yeux aucun modèle identiquement applicable à la marche qu'elle avait à suivre, la royauté s'est réglée d'après la maxime *le roi règne*, et cela avec d'autant moins de défiance que le *règne* lui était attribué sans contestation, par tous les dynastiques de la Chambre, et que ceux-ci ne lui faisaient opposition que dans la question de *gouvernement*, opposition faible en elle-même, et mal fondée.

En conséquence, la royauté songea à constituer en elle le règne ou la souveraineté. La tâche était délicate, en présence d'une démocratie victorieuse et debout. La royauté néanmoins put espérer que la tentative lui réussirait, comme elle avait réussi dans une situation analogue, mais dans des temps différents, à Guillaume III, d'Angleterre. Enveloppant donc de ses plus vieux titres sa famille toute entière, le roi-citoyen la proposa comme un type de *hauts et puissants seigneurs*. Il en fit un appat à la vanité humiliée des anciens maîtres du peuple, et convia ainsi, les analogies à s'organiser. A la sommité d'une société qui avait acheté par les périls de deux révolutions, l'honneur des professions utiles, et mis au premier rang la magistrature, les lettres, l'industrie, l'agriculture, le travail en un mot et la paix, on eut le spectacle de princes royaux, tous ceignant l'épée comme des chevaliers du moyen-âge, et semblant caresser encore la pensée de la force, en face de celle du droit.

Des circonstances se présentèrent ou des prince et princesse se mirent, par des fautes graves, sous le coup de la loi, et la loi dut céder devant le titre.

La faculté d'organiser le troisième des pouvoirs était dans les attributs de la couronne, la chambre des pairs se trouva composée pour les quatre cinquièmes, de nullités nobiliaires. Le même personnel se présentait avec les signes d'une faveur marquée dans toutes les fonctions supérieures, et un appel a été fait sans déguisement à un clergé qui, de tous temps, sanctifia les prestiges aristocratiques, et riva aux pieds des princes la chaîne des nations.

Un titre honorifique, légitime en ce qu'il était personnel, et le prix des services rendus, existait ; la croix de la Légion - d'Honneur, autrefois saluée avec respect sur la poitrine des braves et des citoyens distingués par un fait ou mérite quelconque, est devenue l'appât et la proie de créatures souvent les plus viles. Cette récompense que son institution destinait aux cœurs généreux, a constamment vu la faveur l'arracher au droit. *Pour nous seuls et pour nos amis,* telle a été la devise du pouvoir.

L'armée aussi avait à se plaindre ; plus d'un officier-général avait obtenu, par des succès de salon , des grades que d'autres avaient mieux mérités.

Tous les ministres qui se sont succédés, après le premier toutefois, ont ainsi fait un parti du gouvernement. On ne demandait plus à un homme ses titres à une place, on comptait les protecteurs qu'il avait parmi les partisans. Et, à commencer par les députés de l'opposition, quelque honorable que fût leur personne, quelque sincères que fussent leurs convictions, quelque service qu'ils eussent rendu à la Patrie, les hommes qui n'avaient pas sacrifié à l'idole se trouvaient éloignés comme des Parias. Ce système, étendu jusqu'au sein des départements, y venait, substituant les promesses de la faveur au principe sacré du droit, corrompre la foi politique et influencer les élections.

Tel est, au-dessous des actes patents et matériels du gouvernement, l'esprit occulte qui mine l'indépendance et la dignité morale de la France. C'est dans cet ensemble de choses toutes relatives au *règne*, qu'il faut voir la vraie cause du sentiment qui unit la France à la coalition.

IV

Errements de l'opposition. — Système du gouvernement Anglais.

Faute d'avoir défini et déduit logiquement le principe de la souveraineté, la constitution de 1830 a vu l'opposition dynastique errer aussi dans un vague sans limites, et commettre l'inconséquence de disputer à la couronne les fonctions du gouvernement, qui sont l'essence même du pouvoir exécutif. Honorablement jalouse de l'indépendance nationale, l'opposition a cru que le moyen de la mettre à couvert, consistait à clouer la royauté sur son trône et à la réduire à une majestueuse immobilité. Elle voulait dans la royauté, la seule chose que celle-ci ne puisse posséder désormais, le prestige divin dont elle jouissait autrefois. Elle voulait ce prestige pour imposer à la multitude et modérer son essort; mais, au fond, elle entendait en faire un instrument à l'usage des majorités législatives, un épouvantail frappant de loin les regards, nullement un pouvoir distinct ayant des attributs effectifs et nécessaires. Selon l'opposition, le gouvernement exécutif doit être le fait d'un directoire composé d'hommes recrutés au sein de la Chambre même, mis en évidence par la lutte des partis, et dont la royauté sanctionnerait forcément le choix à travers les barreaux de sa sublime prison. Un coing qui bat monnaie, une relique miraculeuse qui change un homme en ministre, voilà ce que serait, en ce cas, la couronne. La royauté ne serait point un des trois pouvoirs; elle n'aurait ni l'utilité qui constitue le pouvoir exécutif, ni la liberté d'action que nécessite son objet, ni même de considération réelle. « *Le roi règne et ne gouverne pas!* Cette doctrine n'est point nouvelle, elle a été importée de l'Angleterre où se présente le phénomène d'un gouvernement qui est, comme la société, une ruine gothique dont chaque jour emporte un fragment. Des hommes d'un haut esprit, du reste, ont cru que les lois d'équilibre qui en soutiennent alternativement les arceaux croulants pouvaient s'adapter au monument de toute pièce que nous avions à élever.

Ne se sont-ils pas trompés de tout point? le gouvernement anglais est-il autre chose qu'un point d'arrêt dans la décadence invincible de sa monarchie divine? Avons-nous encore debout et politiquement vénérées, les colonnes aristocratiques de l'Angleterre? Avons-nous les mœurs encore féodales de ses provinces? Avons-nous un culte dont la royauté soit le grand pontif? L'instruction est-elle aussi disproportionnément répandue en France qu'au-delà du détroit? Nos populations ont-elles des notions aussi arriérées du droit commun que les dociles vassaux des Comtés. Evidemment non, et le jour où l'idée d'un gouvernement représentatif, à base monarchique, fut importé au milieu de nous, il y eut erreur de temps et de lieu.

Le génie a-t-il donc manqué à la révolution de juillet, au point que pas une pensée grande et rationnelle n'en soit sortie, et que ses hommes les plus sages, n'aient su que recueillir à tâton les débris qui jonchaient la terre, pour les ajuster sans vie et sans union? Cette époque mémorable devait avoir un plus haut caractère; il importait à la France, à la dynastie nouvelle, à la génération toute entière, qu'une démarcation profonde les séparât du passé. Un état nouveau ne se compose pas ainsi pièce par pièce; une méditation grave et profonde l'élabore; elle le coule d'un seul jet dans un principe à larges bases, et sa constitution en sort forte comme le bronze, pour résister aux coups du temps.

Notre politique, je le répète, ne peut mar-

cher sur le modèle de l'organisation anglaise ; car
nous n'avons pas les mêmes éléments moraux ni
même effectifs. Là, s'élèvent trois pouvoirs, qui
sont à eux seuls des puissances. Ainsi, la noblesse
avec le clergé possédant en 24000 lots, la pres-
que totalité du sol et ayant, par conséquent, une
armée d'intendants et de fermiers : première puissance. D'un autre côté, la démocratie industrielle
et commerciale et, à sa tête, les capacités intellectuelles : deuxième puissance. Enfin la royauté
revêtue encore aux yeux du peuple du merveilleux droit divin : troisième puissance.

En Angleterre, l'aristocratie et la démocratie
se font une lutte de principe. Il y a cent cin-
quante ans que celle-ci s'est levée pour marcher
à sa destinée, et que celle-là s'efforce de la suivre pour ne pas se voir dépassée. Cet antagonisme devient, comme il le fut dans les états mix-
tes de l'antiquité, le levier du gouvernement. Le
pouvoir exécutif, objet constant de la concur-
rence des partis, passe alternativement entre les
mains des démocrates *(whigs)* et des royalistes
(tories). Dominant l'action et la réaction de ces
deux éléments vitaux, la royauté s'en sert comme
d'un balancier et dirige le jet de leurs efforts sur
la roue gouvernementale. Cette royauté là règne
et ne gouverne pas ; l'ascendant de l'autorité morale qui réside encore en elle suffit pour com-
bler, à mesure qu'il s'ouvre entre des rivaux si
redoutables, l'abyme d'une révolution qui l'em-

porterait elle-même si elle éclatait. Elle se met sans hésiter à la discrétion du plus fort, et fait pencher la balance de son côté, jusqu'à ce que ses ressorts étant affaiblis par le travail, cèdent, et que l'antagoniste vienne, avec des forces nouvelles, présenter un instrument neuf.

En ces circonstances, quelle que soit la personne de la royauté, son intervention est efficace; rien n'annonce qu'elle ait perdu le prestige de l'ancienne monarchie. Venue de loin, les nuages qui recèlent son origine ne sont point percés par les yeux du peuple. Un grand chancelier se met à genoux devant elle, et le peuple imite le grand chancelier. En un mot, l'autorité morale réside encore dans la royauté anglaise; car la où est la croyance, là est l'autorité.

En France, il n'en est pas de même, l'autorité morale a un autre mode de révélation. Les lumières de la philosophie ayant dégagé le principe du christianisme, si étrangement interprété durant le moyen-âge, le droit commun a pris force de loi universelle et revêtu la vénération usurpée par les privilèges. Une imposante réalité nous domine; la vérité, chez nous, présente ses charmes, là où la superstition a vu tomber ses prestiges. Notre royauté dépouillée d'un merveilleux mensonger, tire son autorité non de Dieu directement et par préférence d'homme ou de race (car le Dieu des peuples éclairés n'est pas injuste), mais de la nation, ou si nous voulons parler le langage élevé de la philosophie, de Dieu par l'intermédiaire du peuple, théorie conforme à la révélation rationnelle, à la vraie théocratie, et qui place en son lieu le droit divin.

L'utilité, voilà ce qui fait en France l'existence du pouvoir exécutif dans la royauté; l'utilité encore, telle est, telle peut seulement être la raison qui plaide en faveur de sa perpétuité, dans une dynastie que nous avons vue élever sur le pavois, et en fait un pouvoir distinct et essentiel.

Le mécanisme anglais, il faut l'avouer, a de quoi séduire, tant par la facilité et par le vif appât qu'il offre aux capacités parlementaires, que par ses résultats. La prospérité et la puissance immense de l'Angleterre sont sorties de là. Mais il n'en est pas moins vrai pour tout bon théoricien, que tout cela est inharmonique. Il y a évidemment dans le dualisme anglais quelque chose d'intérieurement violent qui rompt sans cesse la loi de continuité, et ne subsiste qu'à force d'hommes, et plus encore, sous une condition en dehors de cette nature contradictoire. En effet, la politique anglaise n'est pas précisément d'organisation propre; du haut de son rocher, Albion est conquérante. Elle marche sans s'arrêter un seul jour à l'envahissement et à l'exploitation du monde, et l'union, dans la monarchie de deux éléments rivaux, s'explique par une haute complicité. Livrez l'Angleterre à elle-même, repliez sur elle ses facultés puissantes, et vous verrez ce que deviendra son antagoniste. Il y a là derrière une révolutiou terrible; en France, au contraire, dans l'homogénéité des facultés sociales, nous avons tous les éléments pacifiques d'une constitution harmonique et unitaire.

V

Il y a nécessité que la Chambre élective fasse les lois et que la Couronne gouverne.

——•o•——

La pensée d'imiter l'Angleterre a nui à la tâche importante qu'avait à remplir la chambre législative, et mis la royauté dans la nécessité de se créer au sein de la Chambre même, un parti composé des soi-disant royalistes, et d'y établir l'antagonisme.

Aujourd'hui, cependant, l'opposition l'emporte et ce n'est pas parce qu'elle triomphe qu'il faut s'alarmer. Si la victoire laisse quelque chose à désirer, c'est parce qu'elle favorise la tendance à la lésion de la prérogative gouvernementale qui ne la regarde que sous le point de vue du contrôle. Si, dans la plénitude calme et solennelle de ses fonctions, la Chambre eut fait une loi quelconque, même opposée au vœu du pouvoir exécutif, telle que paraît l'être l'admission des capacités à la citoyenneté électorale, ou la réintégration du jury à sa juridiction, alors, dis-je, la Chambre serait dans la ligne de ses attributions, et la victoire plus légitime, serait aussi plus profitable. Mais il est fort à craindre que, par sa tendance à s'emparer du gouvernail, la législature ne détruise le *trium* représentatif. Cela me paraît même si fort à redouter, que je m'étonne que des hommes d'une si haute capacité que les amis de la révolution que recèle la Chambre, ne paraissent pas, en général, s'appercevoir que ce système les entraîne dans un extrême opposé à celui des royalistes. En effet, de même que ceux-ci aspirent à l'absolutisme monarchique, ceux-là se précipitent dans le despotisme démocratique, qui n'inspirerait pas à la France moins d'aversion.

Notre intention n'est pas de trop critiquer la Chambre; mais si nous voulions examiner ces faits et gestes depuis neuf ans, peut-être aurions-nous que trop de preuves du préjudice que son goût pour les tournois parlementaires a porté aux intérêts publics. Nous signalerions des lacunes fondamentales qu'elle aurait pu faire disparaître, en usant impassiblement de son initiative. Nous avons la persuasion que la propriété foncière, l'industrie, le crédit, l'éducation publique, en un mot les bases morales et physiques de la société sont insuffisamment ordonnées. Il est à souhaiter que la Chambre veuille bien désormais porter son attention sur un système complet de législation qui n'offre pas, comme ce qu'elle a fait jusqu'à ce jour, l'aspect d'un dépenaillement qui trahit son impuissance. Que la Chambre laisse le prince gouverner d'après les lois qu'elle fera, bien entendu, et parmi lesquelles il nous tarde de voir paraître celle de la responsabilité des ministres, éludée jusqu'ici, moins par la royauté sans doute, que par ces messieurs qui, d'un jour à l'autre, avaient l'espoir de gouverner.

La royauté, à son tour, pour s'allier les sympathies de la nation, unique source de sa puissance, doit à notre avis renoncer à revêtir la souveraineté et à réaliser par les moyens occultes que nous avons signalés, une force propre et en dehors du principe national. Qu'elle dirige désormais son action sur son gouvernement; qu'elle imprime à cette admirable administration française, une énergie qui assure l'exécution des lois au dedans, et au dehors la couvre de dignité. Quant aux faveurs dont la couronne dispose, elles seront mieux placées dans des hommes d'une valeur et d'un mérite réels dont elle suivra la trace, comme le faisait l'empereur, que dans les mains suppliantes des courtisans. Que son gouvernement rompe avec les députés parasites, ce trafic de bureaux au moyen duquel il se créa jusqu'à ce jour, une majorité factice dans la législature. Qu'on ôte de devant nos yeux ces candidats à la députation qui, sous les aus-

pices ministériels, viennent corrompre les mœurs
publiques, et acheter les votes par la promesse
de places et de promotions dues au vrai mérite.
Les récompenses dont la couronne dispose équi-
tablement, ont à l'égard des députés, à prendre
une direction opposée pour honorer ses rapports
avec la Chambre. Là, il y a des hommes qui
ne les demandent pas, qui ne les achètent pas,
qui ne les attendent pas; là il y a pour un
prince plus d'une occasion d'être juste et de
triompher de ses passions. Que la royauté, en
un mot, renonce à faire indirectement les lois,
et qu'elle gouverne; que la législature, de son
côté, renonce à gouverner indirectement aussi,
et qu'elle fasse les lois. Une allure plus franche
et plus nette que les pouvoirs ne l'ont eue jusqu'à présent, les appelle à remonter au principe
national, chacun dans leurs attributions.

VI

Dogme constitutif.

———◆———

Une chose m'afflige, c'est que je contredis plus ou moins toutes les opinions, et plus encore que les autres celle des hommes dont je partage les sympathies. En venant formuler, selon mes convictions, le principe national, je renverse complètement la maxime de ceux que je voudrais voir écrire la mienne sur leur bannière, comme étant la seule assez large et assez conséquente pour rallier toutes les nuances qui datent de la révolution de juillet.

Oui, je crois que le dogme constitutif que je vais proposer est le seul moyen d'arriver à la conciliation, cet élément salutaire d'une époque transitoire et constitutionnelle et le plus précieux hommage de la raison humaine, devant l'immensité de vrai et de faux que contient le monde.

Vous avez dit d'une part : *le roi règne et gouverne*, et de l'autre : *le roi règne et ne gouverne
pas !* Mais la nation, quelle part a-t-elle dans vos
maximes ? Elle a donc été oubliée de tous comme
une mère par ses enfants.

La nation règne et le roi gouverne : voilà le
principe.

RÉGNER, c'est être souverain et dominer par une
connaissance illimitée de ses besoins et de ses
facultés ; c'est avoir en soi la loi. Un homme ne
peut régner ; une nation seule est souveraine
d'elle-même, comme Dieu est souverain de l'uni-
vers qu'il revêt, et qu'il domine par l'infini et
la durée. La nation seule est douée du sentiment intime de ses besoins et de ses moyens, de
son mal et de son bien ; elle seule a en elle la loi,
être moral qui domine tout.

Le règne est du domaine moral. L'être qui
règne ne peut gouverner ; il ne peut se mettre en
action sans compromettre l'équilibre de ses facultés intellectuelles et le calme qui en fait la garan-
tie.

GOUVERNER, c'est, d'une part, tenir par l'enten-
dement individuel à la faculté intellectuelle de la
nation, qui est la législature ; et de l'autre, être
uni par une faculté expressive ou active, la paro-
le ou la main, à une administration.

C'est ici, non le mystère, mais le dogme intel-
ligible de la Trinité, ce type fondamental, idéal

dans Dieu, sensible dans l'homme, et dont les règles doivent s'appliquer à la société. *L'être, l'intelligence* et *l'action*, voilà comment il se définit.

L'être, c'est la nation; l'intelligence, c'est la législature; l'action, c'est le prince.

Si vous posez autrement votre principe, si vos déductions n'y sont pas conformes, vous tomberez sans cesse dans un provisoire et un dualisme sans issue; vous ne rencontrerez que rarement et par hasard une vérité, mais tous les jours des disputes.

La *pensée*, la *délibération* et la *volonté*, voilà encore une image du dogme constitutif de toute organisation politique : trois facultés différentes dans un seul être, concourant au même but, et dont il ne faut point interdire l'ordre sous peine de despotisme ou d'anarchie.

Ces trois facultés se manifestent par les élections nationales, par la législation, et par l'exécution des lois.

C'est ici la grande division du moral et du physique de l'être, dans leurs natures respectives et leur participation à un but commun de conservation et de progrès.

Elle conduit, par une filation d'idées faciles, à la conception, d'une double hiérarchie de facultés morales ou législatives et de facultés physiques soit administratives, offrant, dans leur ensemble, le spectacle d'une centrilisation et d'une décentralisation régulière et perpétuelle. La nature,

qui est le grand maître, a mis ce type dans
l'organisation de l'être-homme; l'application s'en
fait rationnellement à l'être-nation.

L'*âme*, le *cerveau*, la *main*, voilà une répéti-
tion figurée des facultés d'un état.

Je me résume:

LA NATION RÈGNE ET NE GOUVERNE PAS;

LE ROI GOUVERNE; IL NE RÈGNE PAS;

LA LÉGISLATURE NE RÈGNE, NI NE GOUVERNE.

Cette dernière faculté n'est en effet qu'une mo-
dification flottante par laquelle se lient les deux
autres.

Quant aux ministres du prince, ils lui servent
de conseil, et c'est de la fonction intellectuelle,
bien plus que de la participation à l'officialité
des actes gouvernementaux, que dérive leur res-
ponsabiltié.

Francisque BOUVET.